Gallimard Jeunesse/Giboulées
Sous la direction de Colline Faure-Poirée

Conception graphique : Néjib Belhadj Kacem
Maquette : Caroline Lequeux
© Gallimard Jeunesse, mars 2009
ISBN : 978-2-07-061872-9
Dépôt légal : septembre 2010
Numéro d'édition : 178725
Loi n° 49956 du 16 juillet 1949
sur les publications destinées à la jeunesse
Imprimé en Belgique

Les mamans

Textes : Dr Catherine Dolto et Colline Faure-Poirée
Illustrations : Frédérick Mansot

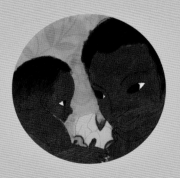

GiBOULÉES
GALLIMARD JEUNESSE

Notre vie commence dans le ventre de notre maman.

L'œuf minuscule que nous sommes au début est bien à l'abri pour grandir et devenir un tout petit bébé. On est bien ensemble, mais déjà différents.

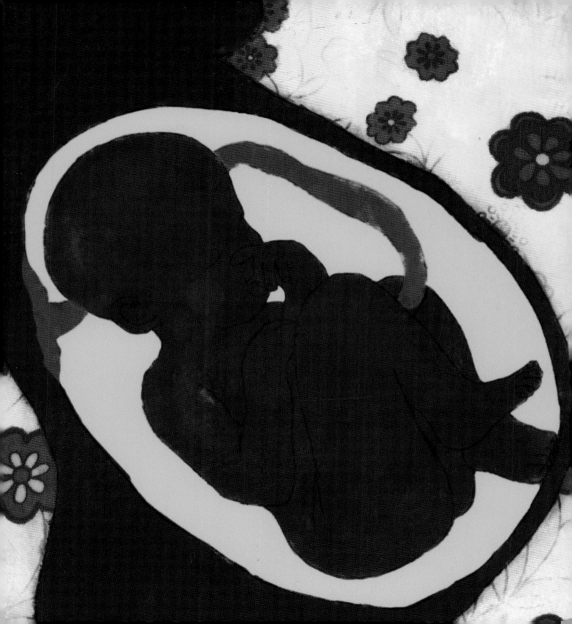

Quand nous sommes prêts, notre maman nous met au monde, c'est le jour de notre naissance, c'est la première séparation.

Quand on est tout petit, elle nous nourrit, nous sourit, nous protège, change nos couches, nous console et nous parle. Elle nous comprend même si on ne sait pas parler.

Plus tard on grandit, et avec notre papa elle nous apprend ce qu'il faut faire et ce qu'il ne faut pas faire.

Elle nous explique ce qui est dangereux et les risques que l'on peut prendre.

Quelquefois on tente une aventure qui tourne en bêtise et notre maman nous console.

Parfois on a l'impression qu'elle ne nous aime plus, et même on se déteste complètement pendant quelques minutes.

C'est dur de partager sa maman avec l'homme qu'elle aime. Parfois ce n'est pas notre père de naissance.

Les garçons sont souvent très jaloux de leur papa, ils voudraient bien prendre sa place. Ce n'est pas possible puisque les enfants n'ont pas le droit de se marier avec leurs parents.

C'est en regardant vivre sa maman qu'une petite fille deviendra une femme.

Dans la même collection :